EINZIGARTIG

Jedes Tier ist ein Wunder

Seit ihrer Gründung 1888 hat sich die National Geographic Society weltweit an mehr als 12 000 Expeditionen, Forschungs- und Schutzprojekten beteiligt. Die Gesellschaft erhält Fördermittel von National Geographic Partners LLC, unterstützt unter anderem durch Ihren Kauf. Ein Teil der Einnahmen dieses Buches hilft uns bei der lebenswichtigen Arbeit zur Bewahrung unserer Welt. Das legendäre NATIONAL-GEOGRAPHIC-Magazin erscheint monatlich. Darin veröffentlichen namhafte Fotografen ihre Bilder, und renommierte Autoren berichten aus nahezu allen Wissensgebieten der Welt. National Geographic im TV ist ein Premium-Dokumentationssender, der ein informatives und unterhaltsames Programm rund um die Themen Wissenschaft, Technik, Geschichte und Weltkulturen bereithält. Falls Sie mehr über National Geographic wissen wollen, besuchen Sie unsere Website unter **www.nationalgeographic.de.**

Weitere Informationen zum Kinder- und Jugendbuchprogramm der S. Fischer Verlage finden sich auf www.fischerverlage.de

Erschienen bei FISCHER Sauerländer

© 2018 S. Fischer Verlag GmbH, Hedderichstr. 114, D-60596 Frankfurt am Main
Lizenznehmer von: National Geographic Partners, LLC
Alle Rechte vorbehalten
NATIONAL GEOGRAPHIC und Yellow Borders Design sind für diese Ausgabe lizensierte Marken der National Geographic Society.
Umschlaggestaltung: MT-Vreden unter Verwendung eines Fotos von Joel Sartore
Umschlagabbildungen: © Joel Sartore, Photo Ark National Geographic
Alle Fotos: © Joel Sartore, National Geographic Partners, LLC
Layout: Christina Hucke
Satz: Tanja Haaf
Druck und Bindung: Grafisches Centrum Cuno GmbH & Co KG, Calbe
Printed in Germany

ISBN 978-3-7373-5559-9

Inka Friese

EINZIGARTIG
Jedes Tier ist ein Wunder

Mit Fotografien
von Joel Sartore

SAUERLÄNDER

INHALT

ASIEN

AFRIKA

AUSTRALIEN & OZEANIEN

EUROPA

Schleiereule 54/55
Herkunft: Europa, offenes Gelände in Nord- und Südamerika, Afrika,
Südwest- und Südasien, Australien
Gefährdungsstatus: nicht gefährdet, Bestand stabil

Europäischer Nerz 56/57
Herkunft: östliches Europa, westliches Sibirien, Südfrankreich, Nordspanien
Gefährdungsstatus: vom Aussterben bedroht, Bestand abnehmend

Europäischer Dachs 58/59
Herkunft: ganz Europa bis zum Kaukasus und bis nach Afghanistan
Gefährdungsstatus: nicht gefährdet, Bestand stabil

Feuersalamander 60/61
Herkunft: Laubmischwälder mit Quellbächen in weiten Teilen West-,
Mittel-, Süd- und Osteuropas
Gefährdungsstatus: nicht gefährdet, Bestand stabil

Kurzschnabeligel 39
Herkunft: Australien, südöstliches Neuguinea, Tasmanien
Gefährdungsstatus: nicht gefährdet, Bestand stabil

Blauer Yabby 40
Herkunft: Victoria, New South Wales, Queensland, South Australia,
Northern Territories
Gefährdungsstatus: gefährdet, keine aktuellen Daten vorhanden

Koala 42/43
Herkunft: australische Ostküste
Gefährdungsstatus: gefährdet, Bestand abnehmend

Brillenflughund 44
Herkunft: Nordostaustralien
Gefährdungsstatus: nicht gefährdet, Bestand stabil,
Gefahr durch Zeckenbefall

Der hier angegebene Gefährdungsstatus richtet sich nach der „IUCN Red List of
Threatened Species", 2017.

- ausgestorben: es gibt auf der Welt kein lebendes Individuum mehr
- vom Aussterben bedroht: extrem hohes Risiko des Aussterbens in der Natur
  in unmittelbarer Zukunft
- stark gefährdet: sehr hohes Risiko des Aussterbens in der Natur in unmittelbarer
  Zukunft
- gefährdet: hohes Risiko des Aussterbens in der Natur in unmittelbarer Zukunft
- potenziell gefährdet: die Beurteilung führte nicht zur Einstufung in die Kategorien
  vom Aussterben bedroht, stark gefährdet oder gefährdet, die Schwellenwerte
  wurden jedoch nur knapp unterschritten oder werden wahrscheinlich in naher
  Zukunft überschritten
- nicht gefährdet: die Beurteilung führte nicht zur Einstufung in die Kategorien vom
  Aussterben bedroht, stark gefährdet, gefährdet oder potenziell gefährdet
- ungenügende Datengrundlage: die vorhandenen Informationen reichen nicht für
  eine Beurteilung des Aussterberisikos aus

AMERIKA

Giftige Wimpernviper 46
Herkunft: Mittel- und Südamerika
Gefährdungsstatus: keine Daten bekannt

Kojote 48/49
Herkunft: Kanada, Nordamerika, Mexiko, Guatemala,
El Salvador, Honduras, Nicaragua, Costa Rica und Panama
Gefährdungsstatus: nicht gefährdet, Bestand ansteigend

Rotaugenlaubfrosch 50/51
Herkunft: Regenwälder Mittelamerikas
Gefährdungsstatus: nicht gefährdet, Bestand abnehmend

Schreikranich 52/53
Herkunft: Kanada (Sommer), Golf von Mexiko (Winter)
Gefährdungsstatus: stark gefährdet, Bestand ansteigend

Der Fotograf Joel Sartore

Joel Sartore ist ein Zauberer mit sicherem Gespür für den magischen Moment. Bei seiner Arbeit als Naturfotograf streift er auf der Suche nach seltenen Tieren allerdings nicht mit dem Zauberstab, sondern mit seiner Kamera durchs Unterholz. Ihm gelingt, dass wir all die erstaunlichen, witzigen oder furchteinflößenden Lebewesen, die er vor seine Linse lockt, betrachten, als würden wir sie zum ersten Mal im Leben wahrnehmen. Dabei teilen wir Menschen uns mit ihnen seit jeher die Erde – oder sollten es zumindest tun.

Manche Tiere sind vielen von uns tatsächlich so gut wie unbekannt, andere hat man nur noch nie mit Joel Sartores Augen gesehen. Sind sie nicht wunderschön? Sind sie nicht seltsam? Woran liegt es, dass sie uns plötzlich so viel bedeuten, dass wir neugierig werden und mehr über sie erfahren wollen? Einige schauen uns an wie alte Bekannte, ihr Blick ist unvergesslich, denn er trifft direkt ins Herz. Ob Löwe oder Lurch, Vogel oder Fledermaus – nach dieser Begegnung wollen wir ihre Freunde und Verbündeten sein. Und noch etwas teilt sich beim Betrachten der Fotos von Joel Sartore mit: eine Ahnung davon, wie sehr der Fotograf Tiere liebt, sie respektiert und wie sehr er sich ausnahmslos für jede einzelne Art interessiert. Indem Joel Sartore seine Fotografien mit uns teilt, gibt er den Tieren einen festen Platz auch in unserem Leben.

Ein Plan entsteht

Joel Sartore interessiert sich schon früh für die Natur. Es lässt ihm keine Ruhe, dass es Tiere gibt, die vom Aussterben bedroht oder bereits von unserem Planeten Erde verschwunden sind. Er wird Journalist und beginnt nach dem Abschluss seines Studiums, für das National Geographic Magazin zu arbeiten – eine Zeitschrift zur Förderung der Geografie, deren Markenzeichen Reportagen mit aufsehenerregenden Farbfotografien von Landschaften, Tieren und Menschen sind.

Während seiner Arbeit als Naturfotograf erkennt Joel Sartore, wie gefährdet das Leben vieler Tiere und wie groß unser eigener Anteil am Artensterben ist. Er beginnt, sich auf die Abbildung immer seltener werdender Exemplare zu spezialisieren. Nachdem er viele Jahre lang überall auf der Welt Tiere in Freiheit fotografiert, plant er nun, die Zoos unserer Erde zu bereisen und deren Bewohner zu porträtieren mit dem Ziel, eines Tages schließlich jede Tierart der Erde abgelichtet zu haben.

Sein Projekt ist eine Lebensaufgabe. Wie viele Tierarten derzeit auf unserem Planeten existieren, können selbst Wissenschaftler nur vermuten – ihre Schätzungen reichen von zwei bis acht Millionen Arten. Wegen der Veränderung und Zerstörung ihrer Lebensräume sowie des Handels mit Wildtieren sterben Jahr für Jahr Tierarten aus, wenn sie nicht in Zoos oder Reservaten geschützt wieder vermehrt werden können.

Das Projekt „Photo Ark"

Mit seinem Plan, die Tierarten der Erde fotografisch zu archivieren, orientiert sich Joel Sartore an der Arbeit früherer Forscher. Wie sie will auch er der Nachwelt einen repräsentativen Zustandsbericht übermitteln. Mit seinem groß angelegten Projekt, das ihn in die Zoos und entlegensten Gebiete dieser Welt führt, verfolgt er jedoch noch ein weiteres Ziel: Seine Tierporträts wollen uns aufwecken und für seine Sache begeistern: den Naturschutz. Er weiß, dass Menschen sich nur dann um etwas kümmern, wenn sie es auch wirklich lieben. Und lieben kann man nur, was man kennt. Also hält Sartore Vorträge, unterrichtet und tritt im Fernsehen auf, um sein Anliegen vorzubringen: Wir sitzen alle in einem Boot. Schaut euch die Tiere der Welt an, lernt sie kennen und helft, sie zu bewahren, bevor sie von unserer Erde verschwinden.

Seine Fotografien sind natürlich das wichtigste Instrument bei diesem Vorhaben, das den Namen Photo Ark, also Foto Arche, erhält. Auf den folgenden Seiten kann man einigen Tieren nun ganz nah sein, den haarigen, schuppigen, gefiederten, den großen und kleinen, lauten und leisen einzigartigen Lebewesen unserer Erde.

Bei der Arbeit

Joel Sartore will für sein Projekt Photo Ark besonders klare und starke Porträts mit großer Wirkung auf Betrachterin und Betrachter. Nichts soll vom Hauptmotiv, dem jeweiligen Tier, ablenken, für das er unsere Aufmerksamkeit, Zuneigung und unsere Fürsorge gewinnen will. Außerdem möchte er, dass wir die Tiere auf seinen Fotos alle gleichberechtigt wahrnehmen. Um all das zu erreichen, entscheidet sich Sartore für ein besonderes Stilmittel, er wählt für alle Porträts den gleichen, völlig neutralen Hintergrund. Zudem verleiht diese ungewohnte Präsentation dem Augenblick der Betrachtung zusätzlich etwas Magisches. Nur: Wie stellt er es an?

Alligator, Perlhuhn oder Schlange pur und vor Schwarz oder Weiß abzulichten, sei eigentlich ganz simpel, berichtet Joel Sartore. Kleine Tiere werden von ihren Vertrauten, ihren Pflegerinnen und Pflegern, ins weiße Fotozelt aus weichem

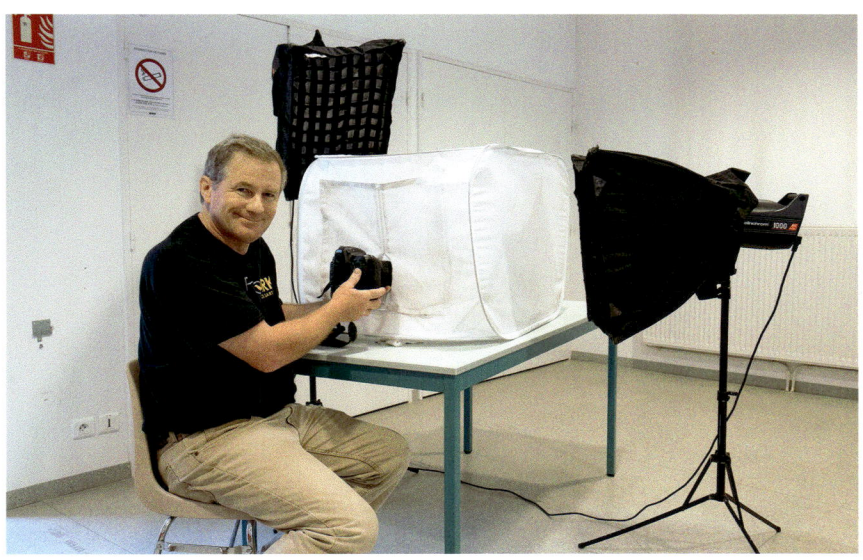

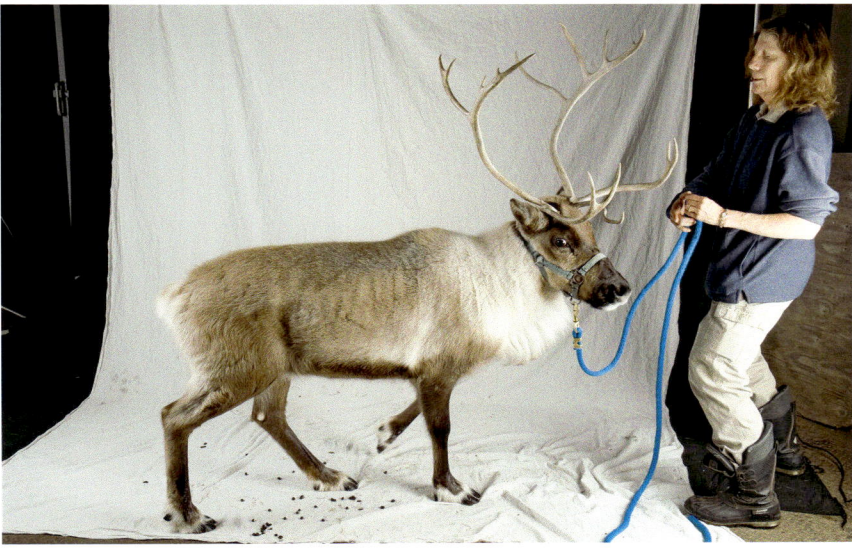

Stoff gesetzt. Weil das Tier auf diese Weise die Kameralinse nur durch einen schmalen Schlitz wahrnimmt, fühlt es sich recht sicher und behaglich. Für größere Tiere wird eine schwarze oder weiße Hintergrundfolie angebracht – meist schon ein paar Tage vor dem Fototermin, damit sich die Tiere an den Fremdkörper in ihrer Behausung gewöhnen können. Handelt es sich um besonders scheue Exemplare, verwendet der Fotograf nur natürliches Licht, damit sie nicht vom Blitzlicht erschreckt werden. Auch Unterbrechungen werden vermieden, sauber gemacht wird später. Sollte ein tierischer Teilnehmer womöglich sein Geschäft im Zelt hinterlassen, verschwindet die Hinterlassenschaft später per Bildbearbeitungsprogramm.

Es kann auch vorkommen, dass ein Tier nicht auf der Hintergrundfolie stehen mag oder auszurutschen droht, auch dann wird per Bildbearbeitungsprogramm der natürliche Boden nachträglich schwarz oder weiß eingefärbt. Grundsätzlich gilt: Schon beim kleinsten Anzeichen von Stress hören Fotograf und Team sofort mit der Arbeit auf.

Weil Joel Sartore das Wohlergehen der Tiere auch jenseits seines Photo Ark-Projekts am Herzen liegt, arbeitet er übrigens fast ausschließlich mit Zoos zusammen, die der US-Organisation AZA oder der Weltvereinigung der Zoos und Aquarien WAZA angehören. Viele ihrer Mitglieder garantieren eine artgerechte Haltung, hohe Pflegestandards und nehmen teil an Zuchtprogrammen von Tieren in Gefangenschaft, die in Freiheit vom Aussterben bedroht oder bereits ausgestorben sind. Das Ergebnis dieser sämtlichen Bemühungen sind außergewöhnliche Porträts mit magischer Wirkung, auf denen nicht nur wir Tiere anschauen – oft schauen sie auch zurück. Und verzaubern uns.

AUF LEISEN SOHLEN

Im tropischen Regenwald der Insel Sumatra lebt der **Sumatratiger**. Er ist zierlicher als seine Verwandten auf dem asiatischen Festland und wie alle Tigerunterarten ein guter Schwimmer. Der Sumatratiger ist sogar mit Schwimmhäuten zwischen den Zehen ausgestattet. An Wasserstellen fühlt sich die seltene Großkatze wohl, hierhin schleppt sie ihre Beute, um sie vor anderen hungrigen Tieren in Sicherheit zu wissen, während sie trinkt. Erst in der Dämmerung begibt sie sich allein auf Nahrungssuche, dabei lauert sie dem Beutetier auf, schleicht sich lautlos von hinten an und beißt zu. Während der Hitze des Tages ruht sie in einem ihrer mit Laub ausgepolsterten Schlupfwinkel. Als heutige Palmölplantagen noch Wälder voller Beutetiere waren, lebten Sumatratiger über die Insel verteilt. Mittlerweile finden sie Schutz in einem Nationalpark im Süden Sumatras, die weitverbreitete Wilderei ist streng verboten, und zur Erhaltung ihrer Art wurden sie in ein internationales Zuchtprogramm aufgenommen.

LAUT UND SCHÖN IN WEISS ...

Auf den Molukken, einer indonesischen Inselgruppe direkt am
Äquator, ist der **Weißhaubenkakadu** zu Hause. Weißhaubenkakadus sind sehr gesellig, bleiben zeitlebens mit ihrem Partner
zusammen und bilden mit anderen Artgenossen größere Gruppen. Wenn sie alle am Morgen gemeinsam ihren Schlafbaum
verlassen, um zu einer Wasserstelle zu fliegen und am Boden
nach Nüssen, Knollen, Wurzeln und Früchten zu suchen, ist ihr
lautes Geschrei weithin durch den tropischen Regenwald zu
hören. Bei der Nahrungsaufnahme ermöglicht ihnen ihr scharf-
kantiger, kräftiger Kakaduschnabel, auch die härtesten Nüsse
und Samenschalen zu knacken. Wenn die feuchte Hitze am
Boden zu groß wird, fliegen sie gemeinsam hinauf ins Blätter-
dach, um sich der Gefiederpflege zu widmen, natürlich wieder
mit lautem Kreischen und Pfeifen. Weißhaubenkakadus tragen
eine besonders beeindruckende Federhaube auf dem Kopf,
die sie, wenn sie erregt sind, hoch aufrichten können.

... UND BLAU

Wenn der **Feuerrückenfasan** ein Weibchen auf sich aufmerksam machen will, stößt er eine Reihe von pfeifenden und glucksenden, weithin hörbaren Geräuschen aus. Hat sich ein Pärchen gefunden, bleiben die beiden für immer zusammen. Während die Henne brütet, vertreibt der Hahn jeden Eindringling, der sich dem Nest nähert. Feuerrückenfasane bewohnen das unterste Stockwerk des tropischen Regenwalds. Gut getarnt im dunklen Dickicht des Dschungels scharren sie auf dem Boden nach Samen und Pflanzenknollen, Insekten und Würmern. Finden sie herabgefallene Früchte, werden auch diese gerne gefressen. Sie leben in kleinen Familiengemeinschaften, in die sie nach der Aufzucht ihrer Jungen wieder zurückkehren. Sollte sich ein Jungfasan von der Gruppe entfernen, finden die Hühnervögel durch lautes Rufen und Gackern wieder zusammen.

SATT VON AST UND BLATT

In den weiten Bergwäldern Chinas lebt der **Panda**. Je steiler und feuchter die Bambushänge, desto wohler fühlt sich der friedliche Pflanzenfresser aus der Familie der Bären. Weil er ausschließlich Bambus verspeist und dieser nur wenige Nährstoffe enthält, muss der Panda täglich große Mengen davon zu sich nehmen. Vierzehn Stunden und mehr verbringt der Einzelgänger darum täglich mit der Nahrungsaufnahme. Er frisst im Sitzen. Eine Art zweiter Daumen, der sich aus einem Handwurzelknochen gebildet hat, ermöglicht ihm, die Bambuspflanze mit beiden Vorderpfoten fest zu umklammern. Mit seinen Reißzähnen spaltet er die Äste und mit seinen starken Backenzähnen zerkaut er die harten Pflanzenfasern. Zwischen den Mahlzeiten schläft oder ruht der Panda, meist angelehnt an den Bergrücken. Mehrere Umstände gefährden das Leben eines der seltensten Tiere der Erde: Sein Lebensraum wird kleiner, die Bambusbestände erholen sich auf geringerer Fläche nur spärlich und trotz höchster Strafen wird das Wahrzeichen Chinas zuweilen noch immer gejagt.

ZAHN UM ZAHN

Asiatische Elefanten sind nach ihren afrikanischen Verwandten die zweitgrößten Landtiere der Erde. Die langen Stoßzähne aus Elfenbein sind bei asiatischen Elefanten ein Merkmal der Bullen, also der männlichen Tiere. Der Begriff „Elfenbein" kommt übrigens nicht von „Elfen", sondern von „Elefantenbein". Es ist eine Art Knochenmaterial und galt von jeher als kostbar, denn seine Beschaffung war lebensgefährlich. Elefanten benutzen ihre Stoßzähne, um Wasserlöcher zu graben, Wurzeln freizulegen, Bäume zu entrinden oder auch im Kampf. Backenzähne zum Kauen haben sie außerdem. Weil diese sehr abnutzen – 150 bis 200 Kilogramm Gräser, Blätter, Zweige und Rinde zermalmt ein Elefant damit täglich – kauen Elefanten immer nur mit einem Backenzahn pro Seite. Ist er verbraucht, wächst ein neuer von hinten nach vorne. Sechsmal im Leben findet der Zahnwechsel statt. Elefanten werden heute in Nationalparks streng geschützt. Dennoch sind Wilderei wegen des Elfenbeins und zunehmend fehlender Lebensraum weiterhin die Ursachen dafür, dass die Anzahl der grauen Riesen stark zurückgeht.

PRÜFENDER BLICK

Die **Sandkatze** ist aufmerksam, denn in der afrikanischen Sahara sowie den Sand- und Steinwüsten Asiens gibt es nur wenig Beute für die kleine einzelgängerische Wildkatze. Im Schutz der Dunkelheit jagt sie Nager, Vögel, Insekten, Spinnen, Reptilien und Schlangen. Ihr Gehör ist so gut, dass sie auch im Sand verborgene Beutetiere wahrnimmt und ausgräbt. Wasser braucht die Sandkatze nicht, trinkt aber, wenn sie darauf stößt. Ihr Lebensraum ist nur spärlich bewohnt, dennoch muss sie achtgeben, nicht von Schakalen, Wölfen oder Adlern gefressen zu werden. Zwar ist das Wüstenleben rau, aber die Sandkatze ist perfekt ausgerüstet und mit ihrem gelbbraunen Fell gut getarnt. Haare in den Ohren schützen sie vor dem sandigen Wüstenwind, und die dicht bepelzten Pfoten ermöglichen das Laufen auf heißem oder kaltem Boden, denn trotz eisiger Nächte wärmt sich der Sand tags bis zu achtzig Grad auf.

URZEITLICH UND BEHÖRNT

Seit 50 Millionen Jahren leben Nashörner auf unserer Erde. Die große und vielfältige Säugetierfamilie bewohnte weite Landschaften in Nordamerika, Afrika und Eurasien. Fünf Arten der urzeitlich anmutenden Riesen sind übrig geblieben – eins davon ist das afrikanische **Spitzmaulnashorn**. Die Hörner der Rhinozerosse, wie man die massigen Tiere auch nennt, wachsen während ihres ganzen Lebens weiter, das vordere kann beim Spitzmaulnashorn bis zu einem Meter lang werden. Dass die Hörner in der Regel stets etwa gleich groß bleiben, liegt daran, dass die Tiere damit häufig an hartem Untergrund schaben, ihre Hörner sozusagen abfeilen. Sie bestehen hauptsächlich aus demselben Grundbaustein wie unsere Fingernägel und Haare und haben anders als bei Rindern oder Schafen keinen knochigen Kern. Rhinozerosse benutzen ihre Hörner als Waffe zum Schutz ihrer Jungtiere vor Raubfeinden und bei Revierkämpfen mit Artgenossen, zum Graben und zum Durchdringen von Gestrüpp. Weil ihr Horn in der traditionellen chinesischen Medizin als Wundermittel gilt, werden Nashörner trotz strengster Verbote weiterhin gejagt.

BALD BIN ICH GROSS

In seinen ersten Lebensjahren hat der junge **Schimpanse** eine enge Bindung an seine Mutter, die ihn säugt und herumträgt – erst unter dem Bauch, dann auf dem Rücken. Sobald der kleine Menschenaffe selbst laufen kann, beginnt er, auf Schimpansenart seine Umgebung zu entdecken: den Boden im sogenannten Knöchelgang, also auf allen vieren, sowie turnend und schwingend durch die immergrünen Baumkronen. Dabei hilft ihm sein Daumen, der wie bei uns Menschen den restlichen Fingern gegenübersteht, sodass die Hand gut und sicher greifen kann. Schimpansen, unsere nächsten Verwandten im Tierreich, sind intelligent, benutzen Werkzeuge wie Steine und Stöckchen, um an ihre Nahrung zu gelangen, und haben viele Möglichkeiten, sich miteinander zu verständigen. Weil in ihrer Heimat, dem mittleren Afrika, viele Wälder abgeholzt werden, wird die Anzahl der frei lebenden Schimpansen immer geringer.

SCHNELL – SCHNELLER – GEPARD

Geparden sind die schnellsten Landtiere der Erde. Ihr ganzer Körper ist für das Sprinten über kurze Entfernungen angelegt: die langen Beine, die harten Fußsohlen und die großen Lungen, mit denen sie schnell viel Sauerstoff einatmen können. Geparden jagen bei Tageslicht. Sie sind Sichtjäger, das heißt, sie steigen auf eine Erderhebung und halten mit ihren scharfen Augen nach Beute Ausschau – das kann eine Gazelle, ein Impala oder eine Antilope sein. Dann pirschen sie sich durch das hohe Savannen- oder Steppengras an und sprinten los. Lange können sie ihre Beute nicht verfolgen, denn sie sind keine Ausdauerläufer, aber ihr Überraschungsangriff ist oft erfolgreich. Um das Beutetier zu töten, beißen Geparden in die weiche Kehle, nicht in den Nacken, denn ihr Gebiss ist nicht sonderlich stark. Daher können sie ihre Jungen oder sich selbst auch nicht gut gegen Angriffe zum Beispiel von Löwen verteidigen, sondern suchen Deckung im Gras, wo sie auch ihre Jungen verstecken. Eine Besonderheit der Geparden sind die schwarzen Tränenstreifen, die vom Auge zum Mundwinkel verlaufen. Außerdem können sie nicht die Krallen einziehen.

HÜNDCHEN ODER ELEFANT?

Zwar ist das **Rotschulter-Rüsselhündchen** etwa so groß wie ein Schoßhündchen, aber mehr haben die beiden nicht gemeinsam. Vielmehr ist dieser scheue Vierbeiner mit einem anderen, weitaus größeren Rüsselträger verwandt, dem Elefanten. Auf der Suche nach Insekten und Würmern durchstöbert der flinke Bodenbewohner das Unterholz des immergrünen ostafrikanischen Regenwalds. Seine bewegliche Nase und die langen Krallen erweisen ihm dabei gute Dienste. Des Nachts verkriecht es sich in sein Bodennest aus Blättern – allein, denn nur in der Regenzeit, wenn sich die Rüsselhündchen paaren, leben Weibchen und Männchen zusammen. Da in seiner Heimat Tansania Ackerbau und Holzschlag seinen Lebensraum verändern, wird das mittlerweile gefährdete Rotschulter-Rüsselhündchen in Nationalparks geschützt.

KOBOLD IM REGENWALD

In den Regenwäldern der Insel Madagaskar leben die Sifakas. Wie die Affen sind auch Sifakas Primaten. Der **Diademsifaka** ist mit seiner leuchtend weißen Haarkrone ums runde, schwarze Gesicht und dem seidigen, orangegoldenen Fell besonders hübsch. Seine Nahrung findet er in den Bäumen: Blüten, Blätter, Samen und Knospen. Nur wenn eine Frucht vom Ast gefallen ist oder ein schmackhafter Pilz lockt, steigt der Diademsifaka herab, wobei er stets aufrecht klettert und läuft, auch auf dem Boden. Diademsifakas leben in Familien mit mehreren Männchen, Weibchen und dem gemeinsamen Nachwuchs zusammen. Sie sind tagaktiv, nachts schlafen sie in den Bäumen. Droht eine Gefahr, stoßen viele der Artgenossen den Alarmruf „Si-fak" aus, daher ihr Name „Sifaka". Weil auf Madagaskar viele Wälder abgeholzt werden, sind die friedlichen Baumbewohner stark gefährdet, einige Arten sogar vom Aussterben bedroht.

ARBEITSTEILUNG

Wenn er brüllt, ist er weithin zu hören. Schließlich will der **Afrikanische Löwe** klarstellen, dass er keine Eindringlinge in seinem Revier duldet. Es ist nämlich seine Hauptaufgabe, gemeinsam mit einigen anderen Männchen die Löwinnen und Jungtiere des Rudels zu beschützen und das Revier zu verteidigen. Außerdem kümmern sich die Männchen um den Nachwuchs, während die Löwinnen gemeinsam für Nahrung sorgen. Darin sind sie sehr erfolgreich, denn sie umzingeln ihre Beute von mehreren Seiten. Sind einige Jahre vergangen, dringen jüngere, stärkere Löwenmännchen ins Revier ein, vertreiben die alten Löwen und übernehmen deren Aufgaben. Die Löwinnen und ihr weiblicher Nachwuchs bleiben zeitlebens zusammen. Weibliche Löwen haben zwar keine Mähne, können aber ebenfalls brüllen, wenn auch leiser, zum Beispiel um sich miteinander zu verständigen.

SCHWARZE ODER WEISSE STREIFEN?

Zebras und Streifen gehören zusammen, wobei das **Grevyzebra** – das größte der heute noch in Afrika lebenden Arten – mit einem besonders fein gestreiften Fell ausgestattet ist. Ob das ungewöhnliche Zebrahaarkleid einen tieferen Sinn oder Vorteil für die Pferdeverwandten hat, konnte bis heute nicht ganz eindeutig erforscht werden: Dient es der Tarnung, weil das Streifenmuster Angreifer verwirrt? Erkennen sich Zebras untereinander am Muster, schließlich ist das Fell eines jeden Tieres anders gezeichnet? Oder bringt ihnen das gestreifte Fell mehr Abkühlung als ein einfarbiges? Was zumindest relativ sicher scheint, ist die Tatsache, dass blutsaugende Mücken und andere Plagegeister das unruhig gemusterte Fell der Zebras wesentlich seltener ansteuern. Aber welche Streifen haben Zebras nun? Unter dem Fell ist die Haut des Zebras nicht gestreift, sondern – wie bei Eisbären – schwarz. Und aller Wahrscheinlichkeit nach entwickeln sich beim Zebraembryo weiße Streifen auf schwarzem Grund, selbst dann, wenn im Fell das Weiß überwiegt.

GIRAFFE STATT ZEBRA

Der Vergleich ihrer beiden Hinteransichten legt nahe, dass **Okapi** und Zebra miteinander verwandt sind. Das ist falsch. Okapis, die ansonsten dunkelbraunes Fell und weiße Wangen haben, werden den „Giraffenartigen" zugeordnet. Genauso wie die sanften, langbeinigen Riesen haben auch Okapis eine blaue Zunge, mit der sie ausgewählte Blätter, Knospen und Früchte von den Ästen rupfen – allerdings nicht in der Savanne, sondern im tropischen Regenwald. Auch die stumpfen Hörner auf der Stirn der Männchen gleichen denen der Giraffenbullen, und wie die Giraffen, Hirsche, Antilopen oder Schafe sind Okapis Paarhufer. Zebras hingegen, die zur Familie der Pferde gehören, sind Unpaarhufer. Vernimmt es mit seinen großen, beweglichen Ohren auch nur das leiseste Geräusch, verschwindet das Okapi spurlos im Dickicht des Urwalds. Sein Leben im Verborgenen ist der Grund, weshalb der scheue Waldbewohner außerhalb seiner Heimat überhaupt erst im Jahre 1901 entdeckt und beschrieben wurde.

UNTERWASSERGALOPP

Das **Dornige Seepferdchen** kann weder wiehern noch galoppieren, aber seine lange Schnauze und sein gebogener Hals erinnern an den vierbeinigen Namensgeber. Seepferdchen entstammen der Familie der Seenadeln, also der Fische. Sie sind gemächliche Schwimmer. Um von der Stelle zu kommen, wedeln sie mit ihrer kleinen Rückenflosse, die beiden Brustflossen dienen der Steuerung, dabei bewegen sie sich stets aufrecht durchs Wasser. Zum Festhalten – an Unterwassergras oder auch an Artgenossen – ist der Wickelschwanz gut geeignet. Bei Familie Seepferd trägt der Vater den Nachwuchs in seiner Bauchtasche aus und zieht ihn auf. Die Jungen sind nach ihrer Geburt gleich selbstständig und suchen wie die Eltern nach Plankton, kleinen Garnelen und Krebsen, die sie mit ihrem röhrenförmigen Maul einsaugen. Das Dornige Seepferdchen hat wegen seiner gerippten, harten Haut nur wenige Fressfeinde, jedoch ist sein Leben von der zunehmenden Zerstörung der Seegraswälder und dem übermäßigen Fischfang bedroht.

HOPP UND WEG

Auf allen vieren bewegt sich der **Vierzehen-Pferdespringer** nur selten, meist hüpft er wie ein winziges Känguru auf seinen beiden Hinterbeinen durch die nur spärlich bewachsenen Stein- und Lehmwüsten Nordafrikas. Fressfeinden entkommt er blitzschnell im Zickzack und mit hohen Sprüngen. Das gelingt, weil drei seiner Mittelfußknochen zum sogenannten Kanonenbein zusammengewachsen sind. Dieser stabile Knochen verleiht dem etwa zehn Zentimeter großen Nager erstaunliche Sprungkraft. Auch seine großen, beweglichen Ohren sind bei Gefahr hilfreich, weil sie Geräusche schon von weiter Ferne wahrnehmen. Tagsüber, wenn der Vierzehen-Pferdespringer in seinem unterirdischen Bau schläft, klappt er seine langen Lauscher ein und klemmt sie sich zwischen die Vorderbeine. In der kühleren Nacht begibt er sich auf die Suche nach Wurzeln, Samen, Gräsern und Insekten, die er mit seinen großen Augen in der Dunkelheit gut erspähen kann. Mit den Pferden ist der Vierzehen-Pferdespringer nicht verwandt, er gehört zur Familie der Springmäuse.

SÄUGETIERE AUS DEM EI –
MIT LANGEM ...

Diese Pelzkugel mit starken Krallen und röhrenförmiger Schnauze ist mit seinen rund siebzig Zentimetern ungefähr so groß wie ein Dachs. Schaut man genauer hin, erkennt man im dichten Fell des pummeligen Sonderlings vereinzelte Stacheln. Dennoch ist der **Barton-Langschnabeligel** mit dem Igel nicht verwandt. Ameisenigel, auch Schnabeligel genannt, bilden zusammen mit dem Schnabeltier eine eigene, ganz besondere Tierfamilie. Sie sind Säugetiere, bringen aber nicht wie diese lebenden Nachwuchs zur Welt, sondern legen Eier! Das Ei, das das Weibchen pro Paarungszeit legt, wird rund zehn Tage lang in einem Brutbeutel, der sich unter dem Bauch der Mutter befindet, ausgebrütet. Ist der junge, noch unbehaarte Ameisenigel aus dem Ei ausgeschlüpft, bleibt er für rund zwei Monate im Beutel, wo er warm und gut geschützt und von der Milch seiner Mutter genährt heranwächst. Sobald die Stacheln des Jungtiers eine gewisse Größe und Festigkeit erreicht haben, zieht der kleine Ameisenigel aus dem Brutbeutel aus. Ameisenigel leben einzelgängerisch und können sich der Umgebung gut anpassen. Bei der Futtersuche, die vorwiegend in der Morgen- oder Abenddämmerung stattfindet, ist der behäbige Bodenbewohner selbst nur selten in Gefahr: Sobald sich ein Fressfeind nähert, rollt er sich zu einer stacheligen Kugel zusammen und krallt sich fest in den Boden. Gefährlich für den Barton-Langschnabeligel ist nur der Mensch, da sein Fleisch als Delikatesse gilt und er darum gejagt wird.

... ODER KURZEM „SCHNABEL"

Der kleinere **Kurzschnabeligel** erinnert vom Körperbau noch mehr an den in Europa heimischen Igel. Doch auch er ist ein Ameisenigel, also ein eierlegendes Säugetier, heimisch auf dem australischen Kontinent. Kurzschnabeligel sind in vielen unterschiedlichen Lebensräumen verbreitet und kommen recht häufig vor. Ernährt sich der Barton-Langschnabeligel vor allem von Regenwürmern, so besteht die Nahrung des Kurzschnabeligels hauptsächlich aus Termiten und Insekten. Hilfreich neben den starken Grabkrallen ist in jedem Falle die lange, dünne Schnauze, mit der alle Ameisenigel ausgezeichnet riechen und ihre Beutetiere sogar spüren können. Wie mit einem Stöckchen wühlen sie damit im Laub oder benutzen sie zum Stochern zwischen Felsspalten oder im Altholz. Haben sie etwas Fressbares gefunden, lecken Ameisenigel ihre Beute mit ihrer langen, klebrigen Zunge auf. Zähne haben Ameisenigel nicht, sie zermalmen ihre Beute zwischen zwei Hornplatten, die sich jeweils an Zunge und Gaumen befinden. Ameisenigel, egal, ob kurz- oder langschnäuzig, sind noch recht unerforscht, denn es gibt zu dieser außerordentlichen Tierfamilie nur wenige fossile Funde. Wissenschaftler, die sich mit der Geschichte dieser Spezies befassen, nehmen an, dass Ameisenigel unsere Erde schon weitaus länger bewohnen, als die fossilen Funde vermuten lassen.

BLAUE ERDBEWOHNER –
ZU WASSER ...

Der Cherax destructor, ein großer, blauer Süßwasserkrebs, ist
im östlichen Teil Australiens zu Hause. Hier lebt er in Flüssen,
Bächen, Teichen und Sümpfen, wobei er trübes Wasser be-
vorzugt, in dem er sich tagsüber vor Fressfeinden verstecken
kann. Mit seinen wuchtigen Scheren sieht der **Blaue Yabby**, wie
er auch genannt wird, zwar furchteinflößend aus, ist selbst aber
ein genügsamer Allesfresser, der sich größtenteils von Resten
abgestorbener Pflanzen und Tiere ernährt. Wenn er sich häutet,
frisst er wie viele Häutungstiere auch seine alte Haut. Ihren
Nachwuchs, also die befruchteten Eier, trägt das Yabbyweibchen
an den Schwimmbeinen. Auch wenn die Larven geschlüpft sind,
bleiben die Jungen noch einige Wochen am Körper der Mutter.
Weil die beinahe 30 Zentimeter großen Blauen Yabbys beliebte
Aquarium- sowie Speisekrebse sind, werden sie in großen
Wasserbassins gezüchtet. In ihrer natürlichen Heimat wird die
zunehmende Verschmutzung der Gewässer mehr und mehr
zu einem Problem für die prächtigen Krebse.

... UND ZU LANDE

In einem kleinen Gebiet in Südostindien ist die seltene **Blaue Ornament-Vogelspinne** zu Hause. Sie bewohnt verlassene Baumlöcher, stattet sie mit einem feinen Gespinst aus und verbringt darin den Großteil des Tages. Erst in der Nacht legt sie sich draußen in Ritzen oder Erdhöhlen auf die Lauer, um mit ihren großen Beißklauen Insekten und kleine Reptilien zu fangen. Die Blaue Ornament-Vogelspinne lebt allein, nur zur Paarung kommen Männchen und Weibchen zusammen. Der Nachwuchs verlässt das Nest der Mutter früh, um sich eigene Baumhöhlen zu suchen. Junge Spinnen sind braunschwarz und leicht metallisch schimmernd, leuchtend blau strahlen erst die erwachsenen Tiere. Ihre Körper sind nicht an sich blau gefärbt, sondern die Farbe entsteht, wenn Licht auf die mehrschichtige Oberfläche ihrer Haare fällt. Die Spinnen selbst können die Farbe nicht wahrnehmen, also dient sie zum Beispiel nicht dazu, einen Partner anzulocken. Forscher sind sich einig, dass das Blau eine Signalfarbe ist. Doch wem es gilt, ist bislang unbekannt.

KUSCHELIGE FAULPELZE

Auch wenn sie oft so genannt werden: **Koalas** sind keine echten Bären, sondern Beuteltiere. Sie wachsen, genauso wie die Kängurubabys, im Bauchbeutel der Mutter heran. Die Heimat der Koalas ist Australien. Sie leben dort, wo es Eukalyptusbäume gibt, denn von den Pflanzenteilen dieses Baumes ernähren sie sich. Wasser trinken Koalas nur in winzigen Mengen, ihnen reicht die Flüssigkeit, die in den Blättern enthalten ist. Daher auch ihr Name: „Koala" heißt in der Sprache der Aborigines „trinkt nicht". Die meisten Stunden des Tages verschlafen die flauschigen Baumbewohner hoch oben in einer Astgabel, so sparen sie Energie und verdauen die harte Pflanzenkost, die sie nachts gefuttert haben. Immer mehr Straßen und Wohnsiedlungen der Menschen nehmen den Platz der Eukalyptuswälder ein, durch die wachsende Besiedlung sinkt das Grundwasser, das die Eukalyptusbäume zum Wachsen brauchen. Dadurch ist das Leben der Koalas zunehmend gefährdet.

FLATTERN STATT FLIEGEN –
FLEDERTIERE IN AUSTRALIEN ...

Der Brillenflughund – leicht zu erkennen an der hellen, ring-
förmigen Fellzeichnung um die Augen – lebt in Australien. Mit
einem Meter Flügelspannbreite gehört er zu den größeren
Arten. Während kleine Flughunde meist allein leben, bilden die
großen Arten Gruppen von vielen Tausend Tieren oder mehr.
Der Anblick, wenn sich die riesigen Schwärme in der Abenddämmerung von ihren Lagerplätzen aus in den Himmel auf-
schwingen und in den rund 50 Kilometer entfernten Regenwald
fliegen, ist beeindruckend. Brillenflughunde sind Pflanzenfresser und ernähren sich von Früchten und Pollen. Indem sie
sich fressend von Pflanze zu Pflanze bewegen, haften Blüten-
pollen an ihrem dichten Fell. So helfen sie genau wie Bienen
und Schmetterlinge den Pflanzen bei der Bestäubung. Erst im
Morgengrauen kehren die Flughunde zu ihren Schlafbäumen
zurück, wo sie sich – anders als die Fledermäuse, die tagsüber
lieber im Verborgenen bleiben – weithin sichtbar kopfüber
an die Äste hängen. Selbst im Schlaf fallen sie nicht herab, da
sich ihre Krallen durch das eigene Gewicht von selbst um
den Ast krümmen.

... UND AFRIKA

Auch der **Angolanische Samtfell-Flughund** wickelt sich zum
Schlafen in seine großen, ledrigen Flügel. Der kleine Vertreter der
Flughunde gehört genauso wie die Fledermäuse zu den Fleder-
tieren, den weltweit einzigen Säugetieren, die aus eigener Kraft
fliegen können. Seine sogenannte Flugmembran erstreckt sich
jeweils über die langen Fingerglieder bis zu den Fußgelenken,
von den Handgelenken zu den Schultern und von Fuß zu Fuß.
Im Unterschied zur Fledermaus fliegt der Flughund nicht per
Echolotung, sondern auf Sicht. Zudem orientiert er sich an den
Gerüchen seiner Umgebung. Seine lange Nase, ein typisches
Merkmal der Flughunde, nimmt den süßen Duft reifer Früchte
schon von Weitem wahr. Für ihn als Waldbewohner, der in Berg-
und Regenwäldern sowie in Waldsavannen vorkommt, dort, wo
das ganze Jahr über Früchte reifen, sind sie die Hauptnahrung.
Der Angolanische Samtfell-Flughund ist ein wendiger Flieger
und bewegt sich auch mit Pfoten und Krallen geschickt durchs
Geäst der Bäume. Da er seinen Kot meist nicht dort absetzt, wo
er frisst, sondern viele Kilometer weiter entfernt, sorgt er für
die Verteilung von Fruchtsamen.

SCHÖNE SCHLANGEN –
MIT GIFT …

Die **Giftige Wimpernviper** lebt in Mittel- und Südamerika.
Sie ist eine eher kleine Schlange und kommt in unterschiedlichen Farben vor. Tagsüber ruht die Giftige Wimpernviper, erst
im Schutze der Dunkelheit begibt sie sich auf Nahrungssuche.
Die Giftige Wimpernviper kann klettern, was sie sich bei der
Jagd zunutze macht: Sie sucht sich im Geäst der Bäume einen
verborgenen Platz und lauert dort reglos, bis sich ein Beutetier
nähert, zum Beispiel eine Echse, ein Vogel oder ein Baumfrosch.
Dann schießt sie blitzschnell hervor und betäubt die Beutetiere
mit ihrem starken Gift, um sie dann zu verschlingen. Indem
sie ihren Kiefer weit öffnet, klappen die beweglichen, röhrenförmigen Giftzähne, die bei geschlossenem Maul in einer
Hautfalte liegen, hakenartig nach vorn. So dringen sie tief in
das Beutetier ein, das ohnehin keine Chance mehr hat zu
entkommen. Die Schlange mit dem Drachenkopf, deren Name
von den wimpernförmigen Zacken über ihrem Auge herrührt,
bringt lebende Junge zur Welt.

... ODER OHNE

Die Heimat der **Spitznasennatter** sind die subtropischen Wälder im nördlichen Vietnam und südlichen China. Dort bewohnt sie Sträucher und die unteren Regionen der Bäume. Ihren Namen verdankt die Schlange aus der Familie der Nattern einem langen und beweglichen Schnauzenfortsatz. Die Spitznasennatter ist ungiftig, aber dennoch eine gute Jägerin, denn ihre Tarnung ist perfekt: Mit ihrem grasgrünen Schuppenkleid ist sie nachts, wenn sie auf Nahrungssuche geht, kaum von den Büschen und Blättern zu unterscheiden. Sie erbeutet Reptilien, junge Vögel, Insekten, kleine Nager und, weil sie in Wassernähe lebt, auch Amphibien und Fische. Die weibliche Spitznasennatter legt ihre Eier in eine Erdmulde, die lebend schlüpfenden Jungen ernähren sich von Anfang an selbstständig. Die Schuppen der Jungtiere sind anfangs stahlgrau, erst im Alter von ungefähr einem Jahr färben sie sich grün.

SCHLAUE ALLESKÖNNER

Egal, wie sich die Welt um sie herum verändert, **Kojoten** passen sich an. Die Prärie- oder Steppenwölfe, wie sie auch genannt werden, sind seit über einer Million Jahren auf dem amerikanischen Kontinent von Kanada bis nach Mexiko zu Hause – nicht nur wie ursprünglich in Graslandschaften und Wüstengebieten, sondern mittlerweile auch in anderen Gegenden, in Wäldern, an Küsten und sogar in den Städten. Die eng mit dem Wolf verwandten Tiere fressen, was sie finden: kleine Säugetiere, Vögel, Schlangen, Insekten, Fische und sogar Früchte. Selbst Aas und menschliche Abfälle verschmähen sie nicht. Kojoten leben nicht in Rudeln, sie bilden Paare. Gemeinsam grenzen sie ihr Revier ab, verteidigen es mit lautem Heulen und ziehen ihre Jungen auf. Auch wenn die intelligenten Verwandten unserer Haushunde dem besten Freund des Menschen sehr ähnlich sehen, werden sie gejagt. Es ist nicht verboten. Viele Menschen empfinden die gewitzten Überlebenskünstler als Bedrohung.

SEIN NAME IST PROGRAMM

Das Auffälligste an diesem kleinen Hüpfer aus der Familie der Greiffrösche sind seine großen, leuchtend roten Augen, darum heißt er **Rotaugenlaubfrosch**. Seine Heimat sind die Tiefland-regenwälder und angrenzende Gebiete Mittelamerikas. Den warmen Tag verschläft der Rotaugenlaubfrosch gut getarnt hoch oben in den Bäumen, fest an die Unterseite eines Blattes geheftet. Weil er seine Gliedmaßen eng an den Körper presst, sieht ein möglicher Fressfeind nur seinen grünen Rücken. Selbst seine roten Augen sind im Schlaf von einer dünnen Haut, der Nickhaut, verdeckt. So ist er kaum vom Blatt zu unterscheiden. Nachts steigt der Rotaugenlaubfrosch vom Baum herunter und sucht Nahrung – Würmer, Käfer und Schnecken. Auch dann ist er gut getarnt, denn seine hellgrüne Haut nimmt am Abend eine dunkelgrüne Färbung an. Da er in einem recht großen Gebiet vorkommt, ist der Rotaugenlaubfrosch nicht gefährdet.

EIN SELTENER VOGEL

Der **Schreikranich** ist einer der seltensten Vögel der Erde. Er liebt Gebiete mit viel Wasser sowie geschützte Sumpflandschaften, in denen er ausreichend Insekten, Würmer, Schnecken und Wasserpflanzen zum Fressen findet und wo er in Ruhe brüten kann. Seine Sommerheimat ist das mittlere Kanada, sobald jedoch der Herbst kommt, zieht er zusammen mit seinen Artgenossen bis zum nächsten Frühjahr nach Texas an den Golf von Mexiko. Zwar sind die Schreikraniche schon seit Längerem streng geschützt, doch um zu verhindern, dass sie zum Beispiel durch eine Krankheit ganz aussterben, beschloss man, einige Eier künstlich auszubrüten. Die so neu entstandene Gruppe lebt nun ständig im warmen, wasserreichen Florida. Eine weitere Gruppe der in Gefangenschaft aufgezogenen Schreikraniche erlernte sogar das Zugvogeldasein: Im Frühjahr und Herbst folgten sie einem von Menschen gesteuerten Ultraleichtflugzeug durch ganz Nordamerika, bis sie schließlich ihre Route kannten.

LAUTLOSE LAUSCHERIN

Das Gesicht der **Schleiereule** ist hell gefiedert und herzförmig. Sie hat keine Federohren wie viele andere Eulenarten, also herausstehende Kopffedern, die wie aufgestellte Lauscher aussehen. Die tatsächlichen Eulenohren, kleine, vom Gefieder verdeckte Löcher, befinden sich ungefähr auf Augenhöhe hinter den Rändern des Gesichtsgefieders. Indem die Schleiereule die Federn um ihre Ohren wie Schalltrichter aufrichtet, erlauscht sie selbst in größter Entfernung das leiseste Mäuseraschen. Ein weiterer Vorteil: Ein Ohr sitzt etwas höher als das andere. Weil die Schleiereule dadurch ein Geräusch mit einem Ohr einen winzigen Moment früher wahrnimmt, kann sie die Position der Beute selbst im Dunkeln genau einschätzen. Auch ihren scharfen Augen entgeht nichts, zudem sie den Kopf weit nach hinten drehen kann. Das weiche Gefieder macht ihren Flug völlig lautlos, ein sogenannter Fransenkamm an der äußeren Schwungfeder dämpft das Fluggeräusch zusätzlich. Die Schleiereule ist also perfekt an ihr nächtliches Jägerinnendasein angepasst, und dennoch ist ihr Leben schwierig geworden: Die moderne Art des Ackerbaus verringert die Anzahl an Mäusen, alte Scheunen oder Gemäuer als Wohnstätten verschwinden.

PELZMANTEL? – NEIN, DANKE!

Früher war der **Europäische Nerz** über ganz Europa verbreitet, heute ist er bis auf wenige Gebiete in Osteuropa so gut wie ausgestorben. Der kleine, flinke Sumpfotter, wie er auch genannt wird, ist an üppig mit Büschen und Bäumen bewachsenen Bach-, Fluss- oder Seeufern zu Hause. Hier lebt er zwischen Wurzeln umgestürzter Bäume nah am Wasser, um Vögel und Mäuse, vor allem aber Frösche, Fische und Krebse zu fangen, denn der schlanke Jäger aus der Marderfamilie kann mit seinen Schwimmhäuten zwischen den Zehen sehr gut tauchen und schwimmen. Sein schönes, seidiges, braunes Fell ist dicht und wasserabweisend, weshalb der europäische Nerz bejagt wurde, denn Mäntel aus seinem Fell waren sehr begehrt. Fellhändler legten Farmen an, wo sie Nerze züchteten, allerdings Arten, die robuster als ihre europäischen Verwandten sind. Einige entkamen, vermehrten sich und wurden zu Futterkonkurrenten. All das und die Verschmutzung der Gewässer, die Trockenlegung der Sümpfe und Begradigung natürlicher Flussläufe haben zur Ausrottung des Nerzes in den meisten Teilen Europas geführt. Artenschützerinnen und -schützer bemühen sich darum, den Europäischen Nerz in einigen Gegenden wieder anzusiedeln.

BAUMEISTERS WOHNGEMEINSCHAFT

Am Waldrand, möglichst weitab vom nächsten Dorf, verborgen von Dickicht und altem Gehölz, kann man mit viel Glück den Eingang zu einem Dachsbau, einer sogenannten Dachsburg, entdecken. Das Loch ist unscheinbar, aber das Bauwerk darunter umso erstaunlicher: Der **Europäische Dachs** legt ein unterirdisches, weit verzweigtes Tunnelsystem an. Mit seinen starken, krallenbewehrten Vorderpfoten gräbt er auf mehreren Etagen Belüftungstunnel, Fluchttunnel, Röhren zum Hinein- und Hinauskriechen, legt Vorratskammern und ganz unten, in bis zu fünf Meter Tiefe, seinen Wohnkessel an, den er sorgfältig mit Laub und Moos auspolstert. Dachse leben in Familienverbänden, sie sind reinlich, befördern Unrat aus dem Bau und benutzen einen selbst gegrabenen Kotablageplatz, sozusagen ein „stilles Örtchen" außerhalb der Dachsburg. Gern übernehmen sie alte Bauten von Füchsen. Ist die Dachsburg groß genug, kann es vorkommen, dass sich Dachs- und Fuchsfamilien die Wohnanlage sogar teilen. Beide Raubtierarten haben auch ähnliche Fressvorlieben – Regenwürmer, Mäuse, Feldfrüchte und Beeren.

NICHT GERADE
EIN LECKERBISSEN

Der **Feuersalamander** verdankt seinen Namen einem jahrhundertealten Aberglauben: Man nahm an, dass sein Körper imstande sei, einen Brand zu löschen, weshalb man ihn bei dieser Gelegenheit ins Feuer warf. Dieses schreckliche Missverständnis ist vielleicht damit zu erklären, dass man beobachtet hatte, wie der hübsche schwarz-gelb gemusterte Lurch Gift aus seinen Ohr- und Rückendrüsen sprüht. Diese Fähigkeit dient allerdings nicht dem Löschen eines Feuers, sondern – genauso wie seine auffällige Warntracht – dem Schutz vor Fressfeinden. Die Haut des Feuersalamanders ist leicht giftig, was ihn zusätzlich vor Besiedlung mit Bakterien und Pilzen schützt. Aufgrund dieser Eigenschaften hat ein erwachsener Feuersalamander keine Fressfeinde. Den Tag verbringt er in Höhlen, unter Steinen oder Baumwurzeln. Am Abend und bei Regenwetter macht er sich auf die Suche nach Asseln, Käfern und kleinen Schnecken. Der Ausbau und die zunehmende Verschmutzung von Gewässern sowie Straßenverkehr bereiten dem Feuersalamander Probleme.